AF345198

LE THÉATRE

ESQUISSE SOCIALE

PAR

FRÉDÉRIC COLANY.

POITIERS

TYPOGRAPHIE DE HENRI OUDIN

RUE DE L'ÉPERON, 4

1864

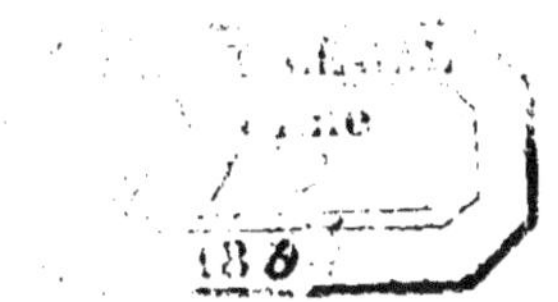

LE THÉATRE

ESQUISSE SOCIALE.

Les moralistes et les politiques de notre temps se
sont plu, fréquemment, à philosopher sur « l'in-
fluence mutuelle du théâtre sur les mœurs, et des
mœurs sur le théâtre. »

Cette thèse, circonscrite dans le domaine acadé-
mique, a donné lieu, sans doute, à de savantes dis-
sertations ou à de brillants tournois littéraires, mais
la thèse est restée sur les cimes.

Nous voulons aujourd'hui la reprendre à notre
tour, et, après l'avoir fait descendre des hauteurs
dans la plaine, l'étudier en famille, c'est-à-dire au
point de vue des régions bourgeoises et populaires.
La liberté du théâtre, récemment inaugurée, nous
semble, d'ailleurs, donner à cette étude une véritable
opportunité.

Dès le premier examen, il est manifeste pour nous,
que le problème à élucider n'est pas d'une seule
pièce ; en d'autres termes, que la double action qu'il
s'agit de rechercher et de determiner, n'est pas nécessairement réciproque. Chez les peuples primitifs,
comme sous l'empire des classes aristocratiques, le
théâtre est le respectueux traducteur du sentiment

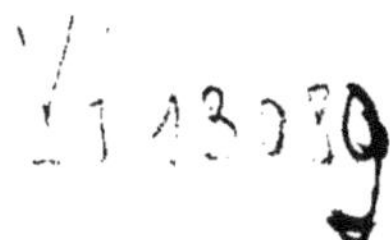

public, tandis que dans les âges où la société élégante et lettrée a été envahie par le flot démocratique, le théâtre affranchi règne et gouverne incontestablement.

Ainsi, lorsque, vers le milieu du XIIIe siècle, le germe de l'art dramatique commence à poindre dans la littérature du moyen-âge, c'est l'histoire de la rédemption chrétienne, qui, seule, peut émouvoir nos pères. Pendant trois cents ans, le peuple qui a fait les croisades, ne conçoit pas d'autres drames que le drame suprême du Calvaire ou les glorieux martyres de ses saints. Dans un temps où la foi était la grande passion des âmes, le théâtre ne pouvait naître que sous l'inspiration de l Eglise.

Au seizième siècle, la scène change. La Réforme, avec son cortége de ricaneurs, ne pouvait longtemps tolérer les pieux et naïfs divertissements du peuple. Il faut dire aussi, qu'avec le mouvement intellectuel de la Renaissance, l'esprit s'était élevé, le goût s'était épuré, et l'on avait vu se produire, dans les consciences catholiques elles-mêmes, une sorte de protestation religieuse à l'endroit de ces exhibitions théâtrales, dont la forme grossière apparaissait à une civilisation supérieure comme une profanation de la majesté divine.

Toutefois, la proscription des *mystères*, tirés des Saintes-Ecritures, ne suffisait pas pour constituer un théâtre national. Sous le règne des derniers Valois, et même sous celui d'Henri IV, la France, épuisée d'ailleurs par les guerres de religion, n'était pas arrivée à ce milieu de paix, de sociabilité, de méditation et d'expansion, qui crée les hautes littératures. L'art dramatique, la plus complète expression de l'art, est le fruit de la maturité. Aussi, depuis la prohibition des *Mystères* jusqu'à l'apparition du grand Corneille, notre théâtre n'est-il qu'un théâtre de transition confuse, sans couleur, sans idées, sans style. Aucun des poëtes qui essaye sa muse sur *le théâtre de Bourgogne*, ni Jodelle, ni Garnier, ni Jean de la Taille, ni Larivey, ni Hardy, ni Cyrano de Bergerac, ni Mairet, ni Scudéry, ni Scarron, ni même Rotrou, tous ces hommes presque complétement oubliés aujourd'hui, ne peuvent donner à leurs ombres de tragédies ou de comédies ce qui manque encore à la société vivante, c'est-à dire la personnalité humaine.

. La période d'incubation dure près d'un siècle.

Mais pendant qu'Henri IV achève son œuvre d'apaisement, par les armes, par la politique et par la diplomatie, il s'accomplit autour de lui une de ces révolutions morales qui portent dans leurs flancs la suprématie d'un peuple. Jusque-là, la noblesse de cour avait usé sa vie à se disputer les faveurs du maître, et la noblesse de province, vivant tristement au fond de ses castels, n'avait guère connu d'autre diversion que celle des guerres civiles Sous l'ère de sécurité qui vient de naître, la société française, en se rapprochant, entrevoit un idéal qu'elle avait à peine soupçonné ; elle aspire désormais aux nobles jouissances de la bonne compagnie et de la grande conversation.

Une femme, une grande dame, Catherine de Vivonne, marquise de Rambouillet, donne le signal de cette pacifique révolution. Les portes de l'hôtel de Rambouillet s'ouvrent à tous ceux qui ont le feu sacré des belles-lettres et du beau langage. Chez la noble marquise, l'esprit a le tabouret, et le *salon bleu d'Arténice*, bientôt devenu célèbre, donne le ton à la cour, à la ville, à la France et à l'Europe.

Il était impossible que ce foyer littéraire, précurseur de l'illustre Académie qui allait recevoir la vie des mains de Richelieu, n'exerçât pas une irrésistible action sur une époque où le goût des choses de l'esprit s'était universellement éveillé. Cette cour d'amour spiritualisé, qui a pour souveraines la vertu, la grâce et la beauté, et pour culte la délicatesse des sentiments et la noblesse du style, n'est pas appelée sans doute à créer le génie, mais sa mission, par la transformation qu'elle opère dans le langage et les idées, est de lui préparer les voies du simple et du vrai, du grand et du beau. Si l'hôtel de Rambouillet n'a pas enfanté Corneille, on peut dire hardiment qu'il l'a fait éclore !

A l'apparition du *Cid*, la France se reconnut et se sentit vivre ! Cette phrase austère, ce vers d'une in-

comparable majesté, cette limpide ordonnance de la
pensée, voilà bien la langue destinée à devenir le
lien de toutes les nations civilisées. A travers cette
fierté chevaleresque et cette sublime glorification du
sacrifice, — éternel idéal de Corneille, soit qu'il
sculpte le chevalier et le héros, la femme ou l'amante,
le chrétien ou le prince, — on entrevoit l'aube du
grand siècle. L'alexandrin de Corneille, né sous le
souffle de Richelieu, est comme l'écho anticipé de la
glorieuse génération qui va remplir la scène du monde.

Toutefois, avouons-le, Corneille est plus grand que
nature. Le drame héroïque, qui transporte l'âme
dans l'espace, serait presque un péril public, si le
fouet de la comédie ne ramenait pas les esprits à
l'humilité de la vie réelle. Pour que le théâtre soit
complet, il faut qu'à côté des personnages hauts de
quinze coudées, se meuvent et vivent les types immortels des passions, des petitesses, et des infirmités
humaines. Sept ans après la première représentation
de *Nicomède*, dernier chef-d'œuvre du géant, Molière
donne à la France ses *Précieuses ridicules*. Sous l'in-
fluence de l'hôtel de Rambouillet, il s'était créé, dans
le troupeau des imitateurs, une langue nouvelle qui,
par horreur de la crudité et par une recherche de
belles manières, en était arrivée aux périphrases les
plus alambiquées. L'éclat de rire soulevé par Molière
fut immense. En une soirée, l'esprit français fut vengé
et replacé sur sa base. D'un trait de plume, Aristo-
phane avait tué la préciosité.

Un autre jour, *Tartuffe* apparaît en pleine cour
de Versailles ! Flageller le pharisien et lui arracher son
masque, quel impérissable sujet de comédie ! Le
parlement et la chaire catholique s'émeuvent, mais
les applaudissements du monarque et de la cour
couvrent le bruit de l'orage. Hélas ! le magistrat et le
prêtre prévoyaient bien qu'un temps viendrait, où, à
la sortie d'une représentation de *Tartuffe*, nos par-
terres dégradés se sentiraient tout prêts à siffler saint
Vincent-de-Paul !

Le *Misanthrope* est l'œuvre culminante de Molière.
A notre sens, cette comédie n'a rien d'égal dans au-

cune littérature du monde ; mais, sans vouloir tou-
cher à la gloire du poëte, il est permis de penser
que le *Misanthrope*, dans sa forme extérieure, est encore un reflet de l'incomparable société où vivait
Molière. Ce qui appartient à Molière, c'est cette admirable antithèse de l'homme de cœur et de l'homme
du monde ; ce qui appartient au grand siècle, c'est
ce double type de grand seigneur et de grande dame
qu'aucun génie n'eût deviné dans un autre milieu
que celui qui rayonnait de la cour de Louis XIV ; cela
est si vrai, que, de nos jours, la simple interpréta-
tion des rôles d'Alceste et de Célimène est à peu près
impossible.

L'*Avare* et le *Bourgeois gentilhomme* appartiennent
davantage à l'humanité tout entière Harpagon vivra
éternellement, et nous craignons fort , que, dans
notre société démocratique elle-même, l'on ne voie
toujours d'excellents bourgeois, tout disposés à faire
entourer d'un fossé leur arpent de terre, pour se dé-
corer du nom.de « Messieurs de l'Ile ».

Corneille avait parlé la langue des héros, Racine
vient à son tour pour faire entendre la langue du
cœur, plus sympathique à la jeune cour de Versailles.
Racine est le chantre inspiré de toutes les tendresses
de l'âme. Ses personnages, taillés dans le marbre,
ont, à la fois, la grâce et la force, la simplicité et
l'éclat, la souplesse et la fougue. La France palpite
d'émotion et d'orgueil à ces accents inconnus qui lui
sont comme une révélation de son propre génie. Aujourd'hui, c'est *Andromaque* ; demain ce sera *Béré-
nice*, puis la touchante *Monime*, la douce *Iphigénie*,
et enfin cette coupable épouse de Thésée, que le
grand poète, au prix d'une gloire de moins, eût bien
fait, peut-être, de laisser dormir dans la poussière
mythologique.

Tout à coup Racine s'éclipse. Cette âme religieuse,
s'alarmant de ses triomphes profanes, cherche à
s'ensevelir pour se faire oublier du monde et se
faire pardonner de Dieu. Pendant douze années, la
France pleure son cygne disparu, lorsque, sous l'inspiration d'une femme célèbre, le poëte croit entre-

voir la possibilité de faire vivre en paix sa foi et son génie.

Grâce à Mme de Maintenon, le drame éthéré apparaît sous la suave figure d'*Esther*, et deux ans après, Racine fait ses adieux à la poésie par la plus pure création de l'esprit humain, par la tragédie biblique d'*Athalie*.

On le voit : jusqu'ici, le théâtre n'a été que l'interprète de la société. Naïvement religieux au moyen-âge, confus et presque enfantin après la Renaissance, énergique et fier sous Richelieu, profondément satyrique lorsque la société est assez raffinée pour se connaître et se châtier, harmonieux et tendre quand la grâce et le sentiment ont remplacé la passion du grandiose et de l'héroïque, éblouissant de lumière chrétienne lorsque le flot social est remonté vers les sources divines, le théâtre a constamment suivi la marche ascendante de l'esprit public.

Quand la pensée se reporte sur le règne de celui que le monde entier appelait alors « le Roi », tout prend un aspect de grandeur, de solennité, de majesté. Corneille, Molière, Racine, Condé, Turenne, Villars, Vauban, Colbert, Fénelon, Bossuet, Louis XIV, apparaissent comme une légion d'immortelles statues appelées à soutenir le plus splendide des édifices !

II

L'ère de la décadence est arrivée. Depuis que le grand Roi repose à Saint-Denis, le XVIIIe siècle marche à ses dissolvantes destinées. La cour a quitté les galeries de Versailles pour se réfugier dans les petits appartements du Palais-Royal. Les princes et les grands sont devenus fanfarons de vices, les lettrés se sont faits philosophes plus ou moins athées, et ce n'est pas la royauté d'alors qui sera de taille à rendre à la France sa splendeur évanouie.

A la comédie de Molière avait succédé celle de Regnard ; à l'œuvre tragique de Corneille et de Racine, l'œuvre sans nom, de Crébillon, de Lafosse, de La—

grange-Chancel , de Duché de Vancy et de Gilles de Caux !

Le théâtre de Voltaire n'est pas de beaucoup supérieur à celui de ces pâles héritiers du grand siècle. Sa conception dramatique, sans idéal et sans moralité, a l'allure d'un perpétuel pamphlet. Les quelques beaux vers , qui semblent dépaysés dans ses tragédies , sont noyés au milieu d'une multitude de maximes de douze pieds, de platitudes habillées en alexandrins, de lieux communs qui touchent à la trivialité. Tout cela est vide, déclamatoire, solennellement prosaïque, comme le siècle dont Voltaire est la personnification. Dès qu'il aborde la poésie , cet admirable prosateur est un rimeur de rhétorique. *Brutus* et *Mérope* sont certainement les deux seuls ouvrages que supporterait, à la représentation, un public lettré de notre temps.

Dans la comédie, le *Glorieux* de Destouches et le *Méchant* de Gresset ont droit sans doute à quelque estime. L'artisan Sedaine ne manque ni de grâce ni d'une certaine ingéniosité. Diderot rêve bien un idéal, mais retombe lourdement, dès qu'il tente de déployer ses ailes. Quant à Marivaux, son seul succès durable est d'avoir donné son nom au goût maniéré et au parlage quintessencié ; Marivaux est à la littérature scénique ce que Boucher est à la peinture : de la couleur, de la poudre et des mouches, rien de plus !

Corneille, Molière et Racine n'avaient pas laissé de postérité dramatique. Voltaire, moins heureux, se voit renaître dans un de ces héritiers qui équivalent à un châtiment ; Voltaire avait été le grand-prêtre de la philosophie encyclopédiste, Beaumarchais en sera le sonneur de cloche !

En 1775, Beaumarchais donne au théâtre le *Barbier de Séville*, assez pauvre invention, sur laquelle un illustre maître a daigné, de nos jours, laisser tomber l'immortalité.

Neuf ans après, nous touchons à 89 !

Battu sans relâche par le marteau des philosophes, le corps social tout entier semble frappé de vertige. Une noblesse rieuse, frondeuse et imprévoyante, destinée à se régénérer dans le sang ; un tiers-état ja—

loux, qui payera de son existence même son frivole orgueil ; une multitude égarée, plus à plaindre qu'à maudire , applaudissent à la démolition. Le temps n'est pas loin où l'abbé Siéyès, que l'on verra plus tard déguisé en habit de comte, écrira cette sentence aussi creuse que retentissante : « Le tiers-état qui n'est rien , a le droit et le devoir d'être tout ! » L'heure est merveilleusement choisie pour jeter sur la scène le personnage de Figaro.

Le *Mariage de Figaro* à proprement parler, n'est point une comédie. C'est un cadre où tous les mots qui courent les livres et la rue depuis trente ans, sont aiguisés en épigrammes et hardiment étalés aux feux de la rampe.

Le public des hautes classes, séduit et entraîné par ce style leste, pimpant, étincelant de verve et de raillerie, bat des mains étourdiment ; le peuple trouve joli de voir insulter ses maîtres ; la bourgeoisie se pâme et prend pour des traits de génie des pauvretés comme celle-ci : « Monseigneur, vous vous êtes donné la peine de naître ! » sans songer qu'un jour l'argument sera retourné contre elle.

Figaro n'est point un type comique. C'est un personnage de carrefour qui siffle son auditoire, c'est Polichinelle frotté d'audace et de sarcasmes anti-sociaux.

Pendant la tourmente révolutionnaire, le théâtre est à l'assemblée nationale, au club et sur la place de la Révolution. La scène est à peu près vide, et l'on éprouve même quelque surprise en retrouvant les noms de Demoustier, de Fabre d'Eglantine, de Flins des Oliviers, d'Alexandre de Ségur. s'évertuant à rimer le drame ou la comédie, alors que la guerre civile ou l'échafaud sont devenus le pain quotidien de l'esprit public.

Sous le Consulat et l'Empire, le théâtre ne se relève point de ses ruines. Desaugiers, Picard, Pigault-Lebrun sont les grands pourvoyeurs de la scène française, qui descend avec eux jusqu'à la farce équivoque, jusqu'aux calembours de tréteaux. Au milieu de cet abaissement littéraire, l'honnête Alexandre Duval et le consciencieux Ducis, stérile traducteur de Shakespeare, apparaissent aux Athéniens de la période impériale comme des Dieux du Parnasse ! Du reste, pendant ces quinze années, l'art, dans toutes ses manifestations, semble frappé d'impuissance. La peinture, la sculpture, l'architecture, la musique, le costume, l'ameublement, aussi bien que les lettres, portent, à l'unisson, ce prodigieux cachet d'indigence. Tout y est emprunté, guindé, empesé, lourdement prétentieux, fastueusement vulgaire. Le règne du sabre et celui du silence ont détrôné la pensée, et rien ne peut lui rendre son sceptre brisé, pas même l'ombre de réaction, que les mauvais plaisants de l'histoire ont appelée « l'émigration triomphante ».

Après vingt-cinq ans d'exil, les proscrits des jours sanglants, les échappés de la mort et de la misère revoient enfin la patrie. Ces aînés de la famille française, qui ont fui leurs châteaux, dans tout l'épanouissement de la jeunesse, cherchent vainement au retour l'asile si longtemps espéré. Hélas ! le vieux logis des ancêtres est occupé par un étranger, et ce nouveau maître, c'est le plus souvent un serviteur de leur noble maison. Cette royauté réparatrice, dont la cause leur semble être la leur, mais qui a compris sa mission d'apaisement et d'oubli, consacre la spoliation, et, pour combler le vase d'amertume, il se trouve un poëte — un poëte national, dit-on ! — qui, au lieu de se découvrir devant cette immense infortune, a le courage de chansonner la plus navrante des douleurs !

III.

Quoi qu'il en soit, le présent et l'avenir appartiennent, sans conteste, à la société nouvelle. Des enfants du comptoir et de l'atelier devenus généraux ; des garçons d'auberge ou des clercs de procureurs métamorphosés en princes ; des spéculateurs de bas-étage transformés en financiers ; de vieux jacobins habillés en aristocrates ; d'héroïques soldats, un moment transfigurés par le champ de bataille, mais ramenés par la paix à leur primitive éducation ; une bourgeoisie née d'hier aux jouissances de l'esprit ; une multitude avide de spectacles quelconques : voilà, dans sa généralité, le chaos intellectuel qui allait être désormais l'inspirateur et le juge suprême du théâtre ! Il est évident que les rôles étaient changés ; du jour où le public n'était plus que la foule, le théâtre ne pouvait plus être un reflet social, il devait être nécessairement le dictateur et le guide.

Il y avait là, pour une vigoureuse intelligence, une noble place à prendre et un grand devoir à remplir. Malheureusement le génie ne s'improvise pas, et, au lendemain du premier Empire, la compression des idées, qui avait été érigée en système politique, avait étouffé pour longtemps les hautes individualités littéraires. Aussi, quand on parcourt les fastes scéniques de la première moitié de la Restauration, on n'y rencontre que de froids pastiches de la grande comédie, comme l'œuvre de Casimir Delavigne, ou d'indigestes mélodrames, véritable puérilité de l'art. L'astre qui brille au sommet du firmament théâtral de cette époque, et qui a gardé jusqu'à nous son incroyable popularité, est M. Scribe « de l'Académie française ».

Scribe, au point de vue de la forme, est un Marivaux en raccourci. C'est la même afféterie de langage, exilée du boudoir Pompadour dans la Laponie bourgeoise ; ce sont les mêmes petits sentiers de l'amourette, moins la grâce des sinuosités et le pittoresque du paysage. Ses intarissables couplets, qui vous sautent à la gorge à chaque détour du chemin, ne sont que de prétentieux Pont-Neuf. Sa versification est à la poésie ce que la serinette est à la musique, et quand on se rappelle les vers d'Oronte si maltraités par Alceste, on ne se permet même pas d'imaginer ce que l'intraitable misanthrope dans sa verdeur gauloise, eût osé dire des bouts-rimés de monsieur Scribe.

Au point de vue moral, la fortune dramatique de Scribe est bien plus invraisemblable encore. Presque toute son œuvre roule sur les amours illicites ou sur l'éternelle trilogie « du mari, de la femme et l'amant », honte et fléau du roman moderne.

Ici, c'est une jeune fille déchue qui court après la réparation (1) ; là, c'est une noble dame qu'une infâme liaison et un fruit coupable enchaînent à un valet (2) ; plus loin , c'est le bouquet de la fiancée que l'on traîne dans la fange sur un air de vaudeville (3) ; dans un autre ouvrage , dont le titre seul est un scandale (4), c'est une femme, qui, imparfaitement adorée par son mari, descend gaillardement le chemin de l'adultère avec l'ami de celui auquel elle est liée depuis un an ; la séduction s'accomplit en pleine scène, aux grands éclats de rire du public qui s'amuse infiniment de la confiance du mari. Et, lorsque les yeux de celui-ci viennent à s'ouvrir, sait-on quel est le cri du cœur de cet époux outragé ?.....

Vous croyez peut-être que cet homme frappé dans sa dignité et dans sa plus chère affection, va s'affaisser sur lui-même, abîmé dans une irrémédiable douleur ? Vous croyez qu'il examinera sa conscience et se demandera s'il a bien été le tuteur affectueux de celle que Dieu lui avait donnée pour compagne ? Vous croyez que la noble indulgence d'une grande âme blessée va combler le précipice et relever l'ange tombé ? — Vous n'y êtes pas ! Ce n'est pas ainsi que M. Scribe entend le cœur humain et comprend la leçon théâtrale ! Ce mari facile, cet aimable agent de change, se lève , se regarde , puis s'écrie d'un air dégagé : « Imprudent que je suis, je me néglige ! Mon gilet est absurde, mon habit a six mois de coupe ! » Et alors, il sonne son valet de chambre et envoie quérir le tailleur à la mode. Ce victorieux tailleur est le nœud de l'intrigue et la moralité de la comédie.

Quel profond enseignement et quel triomphe de l'art ! Nos pères disaient familièrement : « L'habit ne fait pas le moine ! » Du haut de sa philosophie, M. Scribe prétend que l'habit est tout le charme du

---

(1) *Louise ou la réparation.*
(2) *Philippe.*
(3) *Le Charlatanisme.*
(4) *La seconde année, ou à qui la faute ?*

mari et le seul bouclier de la femme ! — Jeunes
époux qui franchissez le seuil sacré du mariage, ne
l'oubliez jamais ! Le tailleur est l'ange gardien du
foyer domestique : M. Dusautoy sera plus puissant
que la conscience, que la foi jurée, que l'éducation
chrétienne, que le sentiment du devoir (5) !

Au XVII° siècle, le janséniste Nicole traitait d'empoi-
sonneurs publics les poëtes de théâtre : nous deman-
dons quel nom le fougueux polémiste de Port-Royal
eût infligé à M. Scribe.

Cependant, après Scribe, ou plutôt à côté de l'a-
pothéose de Scribe, on voit se produire un très-vif
mouvement théâtral. Le prodigieux essor imprimé à
l'esprit public par la Restauration dans les grandes
luttes de la tribune et de la presse, a donné naissance à
une école de jeunes hommes, avides de nouveautés,
impatients de renommée, pleins d'enthousiasme et
de foi. Cette pléiade nouvelle, guidée par deux jeunes
poëtes merveilleusement doués, et appelés l'un et
l'autre à une grande célébrité, débute par battre en
brèche toute la littérature classique. Elle prétend
s'affranchir des vieilles traditions d'Aristote et d'Ho-
race, jeter à la mer l'entrave des trois unités imposées
jadis par Richelieu aux comédiens du Roi, et ne re-
connaître d'autre limite à l'art dramatique que celle
du pathétique et du vrai.

Du côté de la maturité, Corneille et Racine demeu-
rent les colossales figures de la tragédie française ; du
côté de la génération qui se lève, Victor Hugo et
Alexandre Dumas sont les immortels apôtres d'un
monde nouveau. *Hernani* et *Christine à Fontainebleau*
sont orgueilleusement opposés à *Polyeucte* et à *Iphigénie*. La bataille est ardente toujours, burlesque
souvent Les classiques sont bafoués, les romanti-
ques sont parodiés ; c'est, à certains jours, une véritable levée de boucliers ; mais enfin c'est la vie, et
lorsque l'on compare la jeunesse inerte de nos jours
à l'effervescente jeunesse de 1830, on se prend à re-
gretter l'exubérance et la sève.

(1. Il est presque inutile de dire que le nom de M. Dusautoy ne
naît ici sous notre plume que comme type de tailleur élégant.

Par malheur, aucun principe supérieur ne domine ce réveil d'un peuple. Il y a, dans les œuvres nouvelles, de l'imagination , de la puissance, parfois même du génie ; il y a de grandes pensées noblement exprimées ; il y a des vers frappés de main de maître, mais l'anarchie de l'idée s'y confond avec la licence de la forme. Le romantisme, qui, en brisant les lisières de l'art, a prétendu s'élever vers l'infini et voler à la conquête de trésors inconnus , est bientôt retombé dans les sentiers marécageux d'un grossier réalisme. On a cherché l'espace, on trouve le vide ; on a rêvé l'ampleur, on rencontre l'enflure ; le grandiose n'est plus que le grotesque , l'originalité tombe dans l'excentricité ; l'idéal proscrit a fait place à de nauséabondes crudités, et le chef de l'école en est arrivé à cette étrange définition du théâtre : « Le beau, c'est le laid ! »

Décidément , la révolution littéraire n'est guère qu'une émeute. A la galanterie fardée de Scribe, aux mièvreries graveleuses de son petit vaudeville, a succédé la passion toute nue et le débraillé du vice. L'adultère a conquis le haut du pavé, Othello étouffant Desdémone est un stupide vieillard qui a fait son temps : c'est l'amant, c'est Antony qui poignarde sa maîtresse et qui jette à un public chrétien cet insolent défi : « Elle me résistait, je l'ai assassinée ! » Ailleurs, c'est une femme d'une célébrité sinistre, que l'on exhume du moyen-âge, et que l'on jette en pâture à un parterre illettré, à qui l'on apprend l'histoire des reines de France dans l'histoire fantastique de la tour de Nesle ! Une autre fois, c'est une reine d'Espagne, dont le poëte des monstrueuses antithèses se plaît à faire la maîtresse d'un laquais philosophe. Partout et toujours, le poignard et le poison, la débauche et l'adultère sont devenus les éducateurs du peuple !

Un jour, pourtant, on voit apparaître au milieu de cette orgie du goût, une chaste création. Un jeune homme de province, comme Pierre Corneille, comme Jean Racine, remontant aux sources éternelles du beau, évoque de la poussière romaine la tragique figure de Lucrèce, de cette épouse de Collatin , qui, dans son orgueil païen, a cru ne pouvoir laver sa souillure qu'avec son propre sang. L'ordre, la clarté, l'austérité du drame, le nœud vigoureux de l'action ramenée à la simplicité antique par le respect de l'unité, l'harmonie d'un vers facile et pur, et sans doute aussi la lassitude des hideux tableaux, font, en une soirée, une splendide auréole au jeune inconnu de la veille. L'Académie le couronne, l'Académie lui ouvre ses portes, et le théâtre croit avoir retrouvé la route éblouissante de Racine. Hélas! bien des années se sont écoulées depuis ce jour d'enthousiasme, et jusqu'ici, malgré d'estimables travaux, M. Ponsard ne paraît pas destiné à faire revivre le grand siècle.

A partir de cette époque, le théâtre français descend chaque jour un échelon. Les livres qui ont causé les plus éclatants scandales, sont fouillés, dépecés et dialogués pour la plus grande gloire de la scène. Les *Mystères de Paris* et le *Juif-Errant*, écœurants poisons distribués à petites doses dans les colonnes des journaux, viennent étaler leurs immondices aux feux du lustre. La romanesque odyssée des *Girondins*, erreur et repentir d'un grand poëte, est servie quotidiennement, sur les planches, à une multitude ignorante; et ce pauvre peuple de Paris, ne sachant pas d'autre histoire, se passionne pour ces lâches tribuns, qui ont eu, vis-à-vis de la postérité, l'heureuse fortune de payer de leurs têtes leurs vanités et leurs folies.

A l'heure qu'il est, c'est bien plus triste encore. Il s'est trouvé des hommes d'un talent plein de séductions, qui ont entrepris de réhabiliter les Madeleines modernes, non pas en essayant de les tirer de leur fange, mais en couvrant de fleurs les turpitudes de leur vie. Ces femmes, qui ne devraient pas même avoir un nom, constituent aujourd'hui un monde créé, baptisé, et glorifié par le théâtre. La courtisane, qui, dans la vie réelle, a déjà conquis une situation sociale, et qui a ses équipages, ses livrées, son agent de change et son notaire, est entrée en pleine possession de la scène. Marguerite Gautier n'est pas une de ces folles figures que la fantaisie de poëte fait vivre une heure; c'est un personnage, c'est un caractère, c'est le type d'une légion qui ne parlemente même plus avec la société chrétienne. Et lorsque Desgenais, le moraliste du demi-monde, laisse échapper ce cri de l'âme ressuscitée : « Place aux honnêtes femmes qui vont à pied ! » les applaudissements qui se font entendre sont, hélas ! un criterium de honte, car on ne proteste que contre ce qui est, on ne se redresse que contre ce qui a vaincu !

Couvrons d'un voile les ouvrages à visées politiques, qui, dans ces derniers temps, ont soulevé la conscience publique ; railler l'honneur, ricaner sur la fidélité, et tenter de pourfendre des gens désarmés, sont des prouesses qui ne sont pas françaises, et dont un dédaigneux oubli a déjà fait justice. Mais jetons un regard, en finissant, sur le drame lyrique, qui est devenu, de nos jours, la poétique nourriture des classes supérieures.

Introduite en France par Mazarin, consacrée officiellement en 1672 par le privilége royal concédé au musicien Lulli et au poëte Quinault, la musique dramatique et comique a, depuis près de deux siècles, dans l'école française, une longue et glorieuse histoire. Les noms de Dalayrac, de Monsigny, de Grétry, de Gluck, de Sacchini, de Spontini, de Méhul, de Boyeldieu, d'Auber, d'Adam, de Rossini, de Meyerbeer, d'Halévy, de Donizetti, de Gounod, d'Ambroise Thomas, de Félicien David, inscrits à la coupole de nos théâtres, sont gravés dans toutes les mémoires.

Plus que toute autre forme théâtrale, la mélodie scénique est responsable de ses œuvres. Chanter, c'est faire aimer ! Et quand le drame chante le sacrifice et le devoir, l'auditoire s'élève et se purifie.

Mais aussi, lorsque l'Opéra traîne sur les planches la pourpre romaine et qu'il fait d'un cardinal dissolu le bourreau de sa propre fille, — lorsque le roi des enfers évoque toute une génération de nonnes parjures, « damnées comme lui », et qu'elles sortent de leurs tombes travesties en filles de joie ; — lorsqu'une fiancée poignarde son époux dans la chambre nuptiale, et qu'Edgard, avant de se frapper lui-même, ose, dans une enivrante mélodie, invoquer sa Lucie,

« son ange envolé, pour venir le recevoir au ciel » ;
— lorsqu'un jeune moine oublie Dieu pour une in-
connue, « dont il a rencontré la main en lui donnant
l'eau sainte », et que ce moine labouré par les réalités
de la vie et réfugié dans le sein de son Dieu, tombe,
jusque dans le sanctuaire, aux pieds de la courtisane
victorieuse, et qu'il lui jette ce cri de la chair en délire :
« Ah ! pour te posséder, je serai sacrilége ! » nous
disons qu'il existe entre ces poëmes malsains et l'art
divin de la musique, une dégradante complicité;
nous disons que, dans ce milieu de vertigineuses
défaillances et d'harmonieuses corruptions, il circule
parmi le peuple un souffle empoisonné ; nous disons
que les mères et les filles, en sortant de tels spectacles,
sont atteintes dans leur chasteté et jusque dans leur
foi !

L'illustre Fléchier approuvait le théâtre, « pourvu
qu'il n'offensât ni l'honnêteté, ni l'ordre de la société
civile. »

Nous ne savons si la commission de censure dramatique se rappelle bien cette parole de Fléchier ;
nous ne voulons pas savoir si son zèle protége plus
efficacement les intérêts de la politique qui passe, que
ceux de la morale qui ne passe pas ; mais nous affir-
mons que le théâtre, dans les conditions de relâche-
ment que nous venons de signaler, est le sépulcre de
l'esprit et le cimetière de l'âme !

Frédéric Colany.

(Extrait du *Courrier de la Vienne et des Deux-Sèvres,*
des 27 et 30 juillet 1864.)

POITIERS. — TYP. DE HENRI OUDIN.